Maracanã

Copacabana

Escola de samba – *Samba school*

Pão de Açúcar – *Sugarloaf*

♥ RIO DE JANEIRO

♥ RIO DE JANEIRO

I ♥ RIO DE JANEIRO

I ♥ RIO DE JANEIRO

♥ RIO DE JANEIRO
♥ RIO DE JANEIRO
♥ RIO DE JANEIRO

 I ♥ RIO DE JANEIRO
 I ♥ RIO DE JANEIRO

RIO DE JANEIRO

♥ RIO DE JANEIRO
♥ RIO DE JANEIRO
♥ RIO DE JANEIRO
♥ RIO DE JANEIRO

RIO DE JANEIRO

Escadaria Selarón – Selarón Staircase

Arcos da Lapa – *Lapa Arches*

Escola de samba – *Samba school*

Urca